Jag. Har. Inga. Ord. Kvar.

ANNA BERGFORS

Jag. Har. Inga. Ord. Kvar.

© 2020 Anna Bergfors

Sättning och omslagsutformning: BoD – Books on Demand

Förlag: BoD – Books on Demand, Stockholm, Sverige

Tryck: BoD – Books on Demand, Norderstedt, Tyskland

ISBN: 978-91-7969-424-1

Innehåll

Prolog

Till Sebastian, Kevin och Joline.

Denna prosasamling föddes ur mitt behov av tröst.

Mitt behov av att sätta ord på mina känslor utifrån min vuxnes sons missbruk.

Att skriva är att andas.

Att skriva är att sätta ord på sina känslor så de gör mindre ont.

När jag skriver kan jag andas och tankarna skingras.

Annars har tankarna en förmåga att äta upp en, de gnager och gnager och är aldrig tysta, tankarna ältar och ältar, olika scenarion och perspektiv.

Inte en lugn stund.

Men när jag skriver så stillar de sig, landar och lägger sig tillrätta.

Att skriva är att få tröst, orden lugnar och känslorna sorteras och förstås.

Orden tröstar mig och jag hoppas att mina ord även ska ge dig tröst.

Med dessa ord vill jag att du som anhörig ska förstå att du inte är ensam och det finns inget rätt eller fel i hur vi känner och vad vi känner.

Jag vill att du ska släppa alla känslor av skam och skuld för det är inte anhörigas fel att missbrukaren missbrukar.

Det är meningslöst att prata om att det ska vara någons fel, att försöka hitta syndabockar, men det är så lätt att fastna i det. Vi vill ju förstå vad som hände, vart gick det snett?

Din anhöriges missbruk handlar inte om dig. Även om det såklart påverkar dig och det vi anhöriga måste göra för att leva ett anständigt liv är att förhålla oss till detta, att hitta strategier som funkar för oss. Vi kommer använda olika strategier men Du har rätt att leva ditt liv som du önskar, du har rätt att inneha huvudrollen i ditt liv.

Denna prosasamling hjälper inte min son ur sitt missbruk men den hjälper mig att andas.

Jag vill tacka alla som på olika sätt stöttat mig i processen med att ge ut denna prosasamling, men särskilt min älskade mamma konstnärinnan Ann-Margret Johansson Pettersson som målat alla illustrationer i boken och min stora inspirationskälla och favoritförfattarinna Susanna Alakoski.

Jag. Har. Inga. Ord. Kvar.

Jag har inga ord kvar fast jag har så mycket att säga. Ord som inte sägs. Ord som inte hörs. Ord som bara tänks. Ord som känns.

Jag. Har. Inga. Ord. Kvar.

De tog slut.

Men jag kan skriva orden.

Jag planerar för din begravning. Det har jag gjort ganska länge nu. Det finns någon slags tröst i det. Som att jag får ta ut sorgen någonstans.

För jag sörjer. Jag sörjer det jag saknar. Jag sörjer att jag saknar. Jag saknar verkligen dig. Det känns som om jag är en barnlös mamma. En halv mamma. En ganska misslyckad mamma. Ibland. Ibland tänker jag att jag misslyckades nog och ibland tänker jag att du misslyckades. Jag vet inte vilket som är värst. Men jag kan vara en misslyckad mamma i all evighet om det skulle hjälpa dig. Om det skulle hjälpa dig tillbaka till oss levande.

Det är konstigt att sörja de som lever, det är konstigt att planera för de levandes begravning, men jag gör det för då kanske jag är mer beredd om du dör. När du dör. När du dör kanske jag också dör. På något sätt dör jag nog.

Ibland tänker jag att det vore lugnare om du dör. Då kanske oron och ångesten kan dämpas. Då kanske allt blir tyst och stilla. Då kan jag sörja, på riktigt. Då kan jag berätta om min sorg. Då kanske orden kommer tillbaka. Då kan jag berätta om dig och mig. Då kan jag berätta vilken fantastisk och underbar person du är. Den riktiga du. Den som blev kidnappad. Den som jag saknar och sörjer. Den roliga och omtänksamma du. Jag skulle verkligen vilja att du kom tillbaka till livet. Till mig, till Kevin, till mormor, till alla som älskar och saknar dig.

Vi saknar dig. Vi älskar dig. Jag saknar dig. Jag älskar dig. Kom tillbaka. Kom hem.

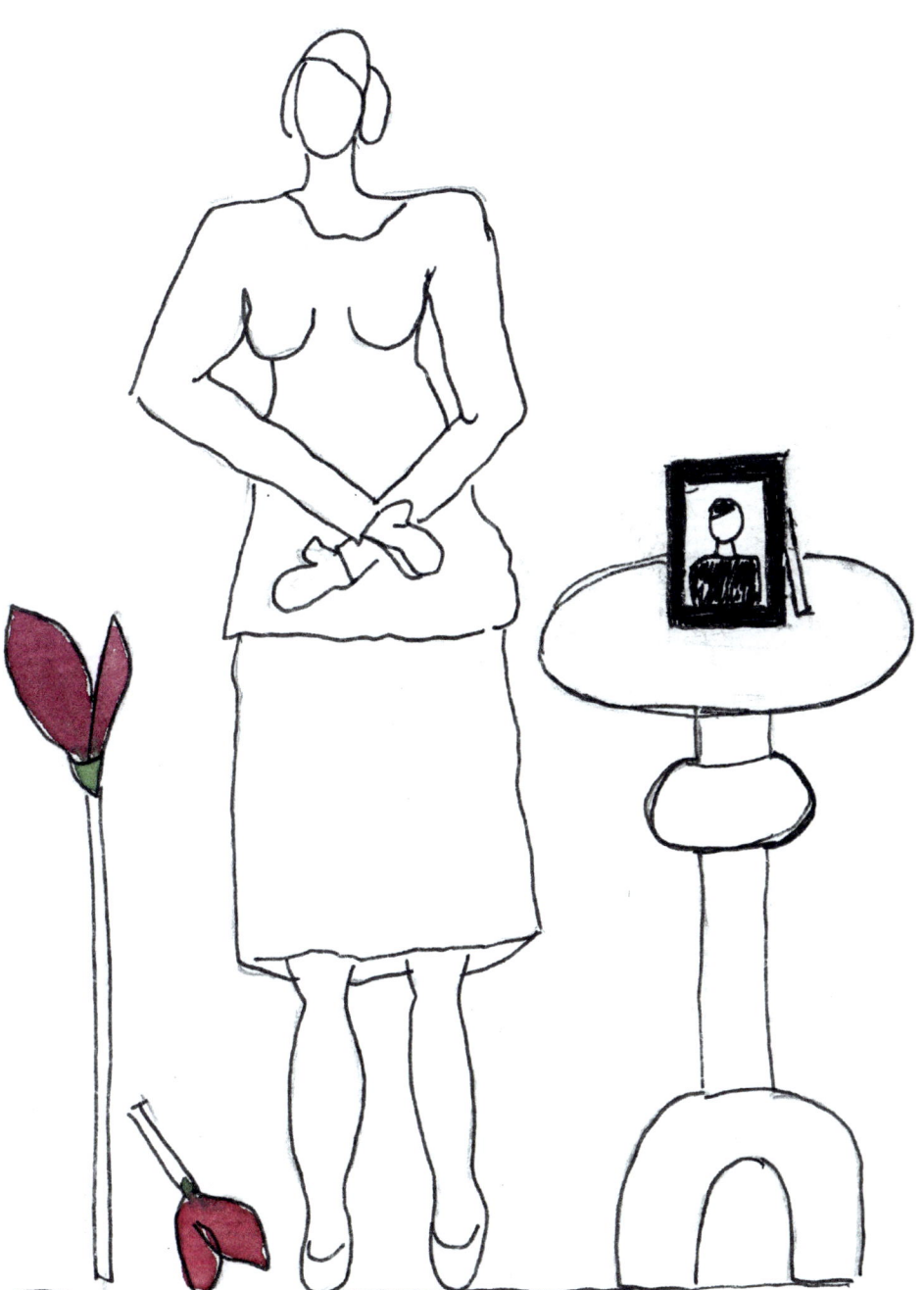

Skuggan

Min son är en skugga av sitt forna jag
  Ett spöke, en vålnad, en som lever bredvid vårt liv,
en som inte riktigt deltar, en som har en fot i livet och en fot i graven
  Det är så det blir, det blir parallella liv
  Det svåra med att ens son blir en skugga är att man inte kan fånga honom, man kan inte ta i honom, han finns men ändå inte
  Det är väldigt konstigt att ha en son som finns
  men ändå inte
  Det är då jag känner mig som en mamma utan barn,
  jag känner mig halv
  Jag är också en skugga av mitt forna jag
  Man blir sån, man förändras, vare sig man vill eller inte
  Det går inte att värja sig mot ångesten och rädslan
  Den förändrar ens person, i grunden, man blir en annan, en rädd person som gärna håller sig i skuggan, som håller sig undan, en som inte berättar att ens son är en skugga av sitt forna jag för någon

Skammens och skuldens moder

M an lär sig att leva med skammen och skulden
Jag har kämpat emot den så länge men jag gav upp,
det går inte att vinna
Den har ett övertag, hela tiden, man ligger alltid steget efter
Jag hanterar min skam och skuld med att låtsas som om den inte finns
Men den finns
Den finns där hela tiden, även om jag ibland försöker resonera rent logiskt med den att den inte borde finnas
Jag tänker (med hjärnan) att det inte är mitt fel att min son är missbrukare, det var inte jag som drev honom in i missbruk. Men mitt hjärta envisas med att känna skam och skuld.
Jag är skammens och skuldens moder

Tystnad

Det man inte pratar om finns inte
    Jag pratar aldrig om dig
Betyder det att du inte finns? Att du inte betyder något?
Vad ska jag säga om dig? Vad ska jag berätta?
Att du är bostadslös, arbetslös, ständigt på jakt, att du inte träffar din son, att jag inte träffar dig,
Vad säger det om mig?
Om jag förnekar dig så förnekar jag mig själv

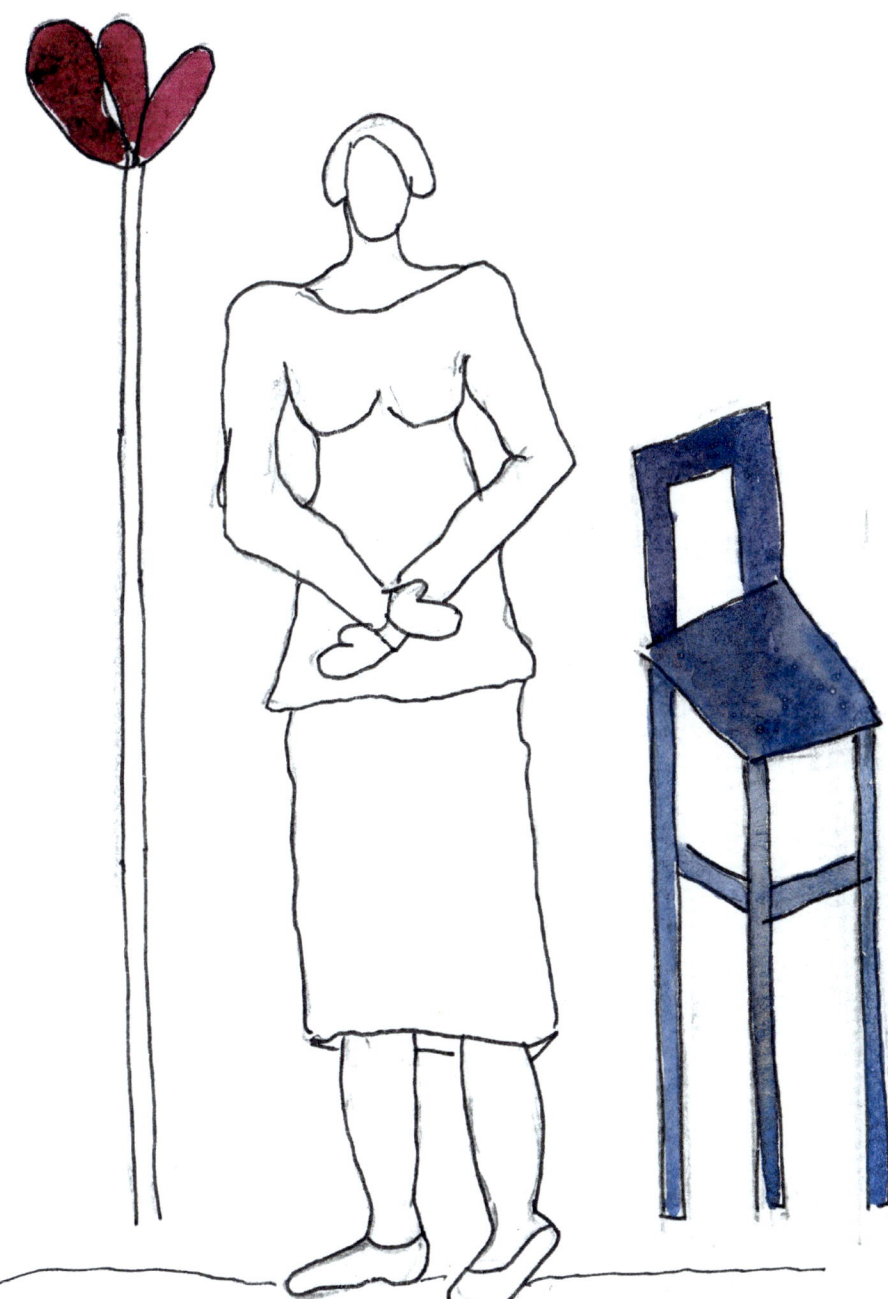

Kidnappad

Min son är kidnappad
    Han kidnappades för 16 år sen
  Den som kidnappat honom vägra släppa honom fri, trots att vi betalt hundratusentals kronor. Och vi fortsätter betala. Vi betalar tills han dör eller släpps fri.
  Min son är kidnappad

Bort från livet

Förr tyckte jag att det värsta var all kriminalitet och allt våld, inte drogerna i sig

Nu tycker jag att det är lika illa, för drogerna drar dig länge och längre bort

Bort från oss alla, bort från vardagen, bort från livet, bort från allt

Det är som om inget håller dig kvar här i livet, inget annat räknas, inget annat är viktigt eller betyder något för dig

Fast jag tror inte att det egentligen är så

Jag tror att din högsta önskan är att komma tillbaka till oss andra, till livet, till det som betyder något

Men du förmår inte, eftersom du är kidnappad och ingen lösensumma är tillräcklig.

Känslomässigt avstängd

Efter ett tag blir man känslokall. Man stänger av känslorna för man orkar inte. Man orkar inte känna ångest, oro, skam och skuld hur länge som helst. Det är väldigt tärande och då är det på något sätt lättare att stänga av, att stänga av sina känslor, för att slippa känna. Det är nästan outhärdligt att tänka på alla situationer med våld, uppgörelser, rymningar, rån, bara en massa problem.

Baksidan är att verka känslokall och nästan likgiltig och så är det, det handlar om en överlevnadsstrategi skulle jag säga.

Man orkar inte vara i alla de där jobbiga och tärande känslorna hela tiden så man stänger av. Man äts upp av oron.

Men en sak som nästan är ännu värre är att man känner knappt glädje heller. När man stänger av sina känslor så är det både de jobbiga som de roliga känslorna man stänger av.

Man är som en robot. Vare sig glad eller ledsen... som om man är i en bubbla som lever bredvid.

Nästan på samma sätt som du lever i en bubbla bredvid det livet vi andra människor lever.

Men det är nog inte bara jag som är känslomässigt avstängd. Jag tänker att du åxå blivit tvungen till att stänga av för du känner samma oro, ångest, skam och skuld, från din horisont...

Den ständiga frånvaron

Jag minns när min sonson var liten, kanske 5-6 år och hur glad han blev när han trodde att jag skulle kunna prata hans pappa tillrätta.

Jag minns inte exakt vad som hänt men antagligen så var det den ständiga frånvaron som infann sig.

Pappan lovade och lovade men höll aldrig det han lovade.

Han lovade att han skulle komma.

Han lovade att de skulle gå till lekparken och leka.

Han lovade att de skulle köpa glass.

Men det blev aldrig några lekar i parken eller några glassar.

Han kom aldrig, trots löften.

Efter ett tag märkte jag att min sonson tröttnade på detta.

Han tystnade.

Jag låtsades att jag skulle prata förstånd med hans pappa. Jag var ju trots allt hans pappas mamma och man ska ju lyssna på sina mammor, eller hur? sa jag till honom.

Denna strategi funkade bara några år för sedan genomskådade han mig och förstod att inte ens jag, hans pappas mamma, kunde prata hans pappa tillrätta.

Denna ständiga frånvaro.

Denna ständiga besvikelse.

Att vänja sig

På något konstigt sätt så vänjer man sig. Man vänjer sig vid att det alltid är mer eller mindre kaos och drama.

Eller vad det nu är man vänjer sig vid...

Man vänjer sig med oro, ångest och sorg.

Man vänjer sig vid ilska, besvikelse och tröttsamheten.

Man vänjer sig vid att det aldrig tar slut.

Det. Tar. Aldrig. Slut

Det kommer hela tiden något nytt, ett nytt problem, en ny skuld, en ny situation som måste lösas.

Jag tror att det är just det att man vänjer sig som gör att man till slut måste stänga av.

Men det är skillnad på att vänja sig och att värja sig för vissa känslor går inte att värja sig emot.

Man blir avtrubbad av att ha vant sig.

Man blir avtrubbad av att man måste värja sig.

För det blir ju nästan normalt.

Det sjuka och svåra och hemska och jobbiga blir så vanligt att det blir normalt.

Det har pågått så länge så jag vet inte hur man lever ett normalt liv.

Men jag har vant mig.

Jag har vant mig vid att vara avtrubbad.

Jag ser honom överallt

Jag är på väg hem
  Cyklar den vanliga vägen
Cyklar förbi min son som är på andra sidan gatan
Han cyklar också
Tusen tankar infinner sig i mitt huvud på en millesmilli sekund
Jag saktar in och vänder cykeln
Jag kliver av cykeln och börjar gå mot min son
Han fortsätter att cykla men då och då vänder han sig om och
tittar på mig
Han cyklar långsamt
Varför stannar han inte?
Min puls går upp och det hettar i ansiktet
Jag vinkar till honom att komma
Han stannar och börjar cykla mot mig
På en millesmille sekund ser jag att det inte är min son
Men en 60 årig kopia av min borttappade son

Att stänga dörren

Ingenting blir egentligen lättare av att stänga dörren. Dörren är bara en överlevnadsstrategi som man kan ta till om man vill, om man kan och om man orkar, för det är mycket lättare att ha dörren öppen.

Jag var tvungen att stänga dörren för att stå ut, för att orka leva vidare med mitt liv. Men det är inte lätt att stänga dörren och det är inte bara sin egen känsla av dåligt samvete som man brottas med om man stänger dörren. Innan jag kunde stänga så trodde jag att det skulle bli lättare, men så är det inte, sorgen är lika stark, oron och ångesten finns där.

Om man inte stänger dörren blir det svårt att leva sitt eget liv, på ett någorlunda normalt sätt.

Om man inte stänger dörren är det omöjligt att värja sig. Dörren blir symbol för ett slags skydd, man måste liksom skydda sig själv mot den som missbrukar vilket är sjukt. Man behöver skyddas mot den man älskar, den som står en närmast, den som egentligen inte alls vill en något ont.

Jag har stängt min dörr flera gånger och även om dörren är stängd nu så kan den alltid öppnas.

Felet

I bland funderar jag på vad som gick fel.
Ganska ofta faktiskt.

Jag var en ung mamma.

Var det det som var problemet?

Jag var arton år när min son föddes. Fyllde nitton en månad efter hans födelse.

Jag har i och för sig aldrig hört talas om att unga föräldrars barn får det svårare än andra i livet, men man vet ju inte.

Jag tänker att jag skulle ha uppfostrat barnet annorlunda om jag fått barn senare i livet.

Jag skulle inte ha festat så mycket med mina kompisar för det var en viktig del i mitt liv när jag var ung, att vara med kompisar. Jag var ute och festade minst en gång varannan vecka och då var min son oftast med sin mormor eller med någon av mina systrar. Det kanske var för ofta?

Eller den där gången när jag var så jävla trött på att han inte åt ordentligt och gav efter för hans tjat om att äta chokladbjörnar istället för mat.

Var det det?

Eller var det att jag hade olika pojkvänner?

Jag vet inte.

Jag vet faktiskt inte och kommer antagligen aldrig att få svar.

Det är jobbigt att tänka på allt som kanske gick fel.

Det förändrar ingenting, min son missbrukar fortfarande, oavsett vems fel det var.

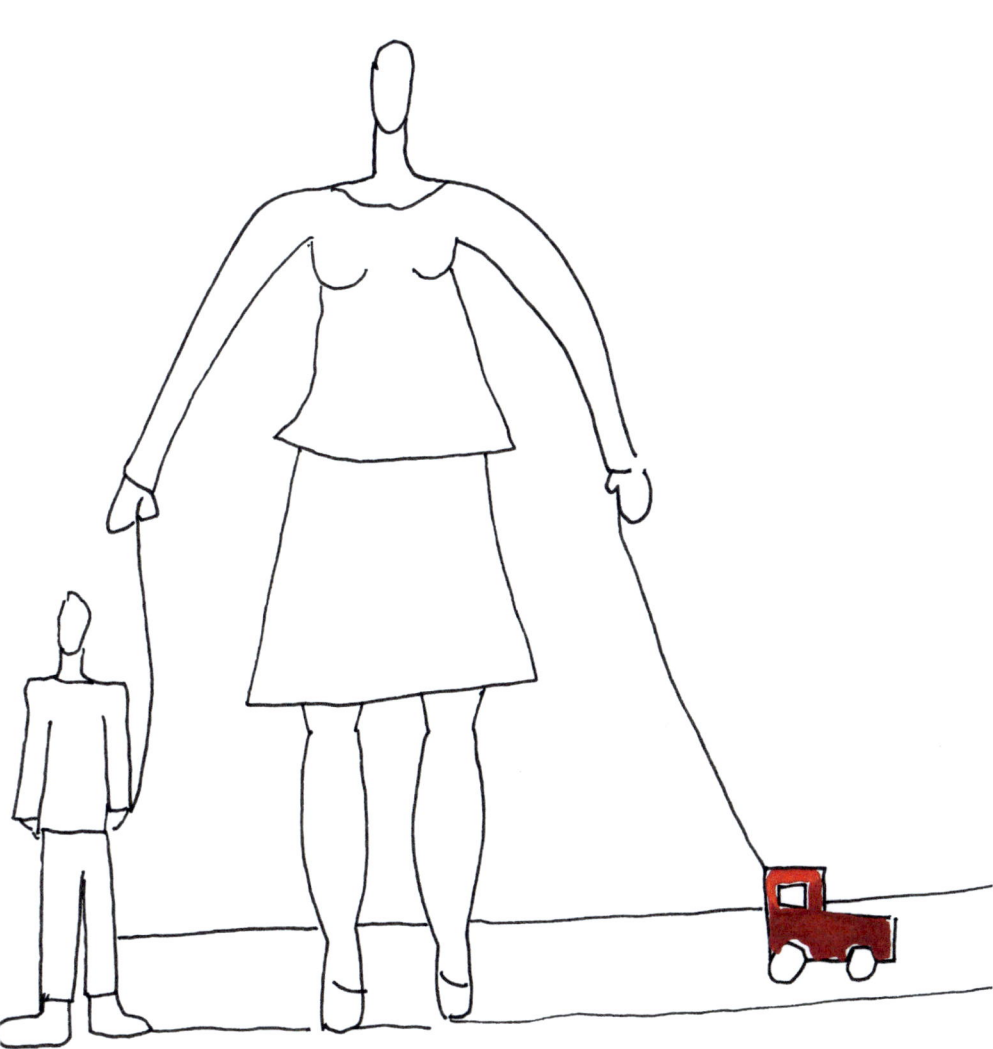

Man vill ju inte förstöra stämningen

Till slut kretsar allt runt den som missbrukar. Inget annat spelar någon roll.

Hela min värld har kretsat runt missbrukaren under så lång tid.

Man förvandlas till en dysfunktionell familj fast man egentligen är ganska funktionell och vanlig.

Min högsta önskan var att vara vanlig, en vanlig mamma i en vanlig familj.

En familj som pratade om studenten, grannens katt, bingolotter och Allsång på Skansen.

En mamma som pratade om sonens skolgång, körkort, första jobb och flickvännen.

En vanlig mamma som pratade om ditt och datt, om små saker, stora saker, banala saker, vardagliga saker.

Men medberoende anhöriga kan inte prata.

Medberoende anhöriga kan inte prata om något annat än om missbrukaren och dennes värld, en värld som blir ens egen, vare sig man vill det eller inte. Fast om man får välja så vill man leva i den vanliga världen.

En dysfunktionell värld där vanlighet, fyrkantighet och förutsägbarhet inte finns längre. En värld med egna spelregler och spelplaner.

Inget man gärna pratar om på fikarasten om man inte vill förstöra stämningen...

Snödrivan

Jag är på väg hem.
   Går över bron mot kyrkan.
Det är vinter.
Det är kallt och mycket snö.
Klockan är kanske sju-åtta på kvällen och jag pratar med mamma i mobilen.
Vi pratar om ditt och datt.
Plötsligt ser jag att det är människor i rörelse en bit bort.
Jag ser en barnfamilj med en flicka på kanske 9 år och jag ser en ung kvinna.
De står vid någon som ligger på marken.
Jag förstår att det är min son som ligger där.
Jag vet inte varför jag förstår det men jag vet.
Jag avslutar samtalet med mamma, hinner precis uppfatta hennes ångest i telefonen när jag kortfattat berättar och lägger på luren.
Jag går med bestämda men tvekande steg mot gruppen människor.
Jag kommer fram och ser min son ligga utslagen vid en snödriva, nära ån.
Han är inte medvetslös men utslagen. Han har ingen mössa eller vantar.
Bredvid honom ligger en stor ryggsäck.
Jag antar att det är hans ägodelar.
En bit bort finns en man med en kundvagn, det är fullt med grejer i vagnen och jag förstår att mannen också är missbrukare.

Medan jag tar kläder ur vagnen frågar jag om det är okey att jag tar några plagg.

Jag lägger kläderna på min son, för att han inte ska frysa.

Han har så tunna byxor.

Nu ser jag att den unga kvinnan är en bekant till min familj.

Hennes bror är också missbrukare.

Hon har ringt ambulansen.

Jag säger till den lilla flickan att jag är mannens mamma och att hon inte ska vara rädd.

Barnfamiljen tittar storögt på mig, tror jag.

Jag försöker få kontakt med min son men han är helt borta.

Mannen berättar att de tagit heroin.

Ambulansen kommer och tar med min son.

Jag följer inte med.